Você gosta de cozinhar? Ou tem vontade de aprender? Não é porque você é criança que não pode! Pode sim, e nada melhor do que ter a ajuda da família para começar a criar pratos deliciosos. Vire as páginas deste livro e inspire-se com uma divertida história sobre a arte de cozinhar e de comer bem. Em família, é claro!

ERA UMA VEZ...

Quando eu era criança, as histórias sempre começavam assim: era uma vez...
Mas isso já faz muuuuito tempo. De lá para cá, muita coisa mudou.
Não tinha computador, agora tem.
Não tinha celular, agora tem.
Imagina só, nada de internet, Youtube ou tablet. Era um mundo bem diferente...
Quer dizer, mais ou menos.

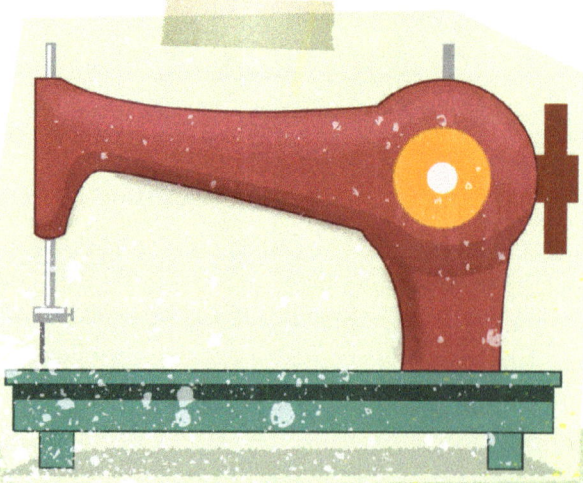

Mesmo com tantas mudanças, algumas coisas sempre existiram. Como uma boa história, por exemplo. Quem não gosta de ouvir histórias? Ou de ler? Ou de assistir a filmes na televisão, no cinema, na internet?! Todo mundo sempre gostou e com certeza vai continuar gostando!

Outro exemplo: um bom prato de comida. Quem não fica feliz de comer algo bem gostoso? Hummm! E o alimento é algo que a gente precisa experimentar, descobrir seu sabor, se é doce ou amargo, suave ou picante... Tem sido assim há milhares de anos, em diferentes lugares do mundo.

Vou, então, unir história e gastronomia e falar aqui sobre uma família atual, supermoderna, que não resiste a uma boa receita e decidiu ir junta para a cozinha: a Família Cuca.

VAMOS CONHECER A FAMÍLIA CUCA?

OS PERSONAGENS

CUCA FILHO

É o FILHO DO MEIO e, entre uma música e outra, ele dispara nos games. Vence todas as fases e zera os jogos. Também gosta de ler, jogar futebol, montar e desmontar coisas para criar outras novas.

MAMÃE CUCA

A SRA. CUCA não se liga muito nos eletrônicos, mas, sempre que pode, tem um livro nas mãos. É assim que ela passa boa parte do tempo, mesmo quando os filhos estão por perto.

PAPAI CUCA

Este é o SR. CUCA, ligado em tudo e em todos o tempo inteiro. Seu tablet está sempre por perto... bem perto!

ASSIM, ELE FICA POR DENTRO DAS NOTÍCIAS E NÃO PERDE CONTATO COM NINGUÉM.

CUCA BEBÊ

É o CAÇULINHA da família. E o mais esperto de todos, já que ele quer imitar tudo o que os irmãos fazem. Ele tenta o tempo todo. Às vezes consegue, outras vezes não. Mas de tanto copiar, ele acaba aprendendo.

CUCA FILHA

Você provavelmente já sabe que a FILHA MAIS VELHA é quem manda nos irmãos (ou pelo menos tenta). Dá para imaginar a figura sem um fone nos ouvidos? Impossível! Ou então, sem movimentar os dedos no teclado do celular, mandando mensagens para os amigos sem parar? Mais impossível ainda...

A HISTÓRIA

A Família Cuca é muito unida. Nos finais de semana, eles sempre passeiam ou visitam amigos juntos.

NAS FÉRIAS, ADORAM VIAJAR PARA LUGARES DIFERENTES. JUNTOS.

Cuca Filha
2 hrs

👍 Curtir   💬 Comentar   ➤ Compartilhar

Papai Cuca 😂😂😂

Cuca Filha
2 hrs

👍 Curtir   💬 Comentar   ➤ Compartilhar

Mamãe Cuca ❤️😆❤️❤️❤️

1ª DICA

DECIDIR O QUE COZINHAR

Cozinhar parecia ser um ótimo programa, mas ninguém da Família Cuca sabia muito bem o que fazer. O Filho Cuca pensou em uma bala de gelatina que viu em uma revista. A Filha Cuca lembrou do brownie que ela aprendeu na casa de uma amiga. Já o Papai Cuca planejava assar uma carne na churrasqueira (só que naquele dia ninguém queria comer churrasco...). A confusão já ia começar quando Mamãe Cuca falou:
— Chega! Não dá para cada um fazer o que quer. Temos que trabalhar juntos. Vou consultar meus livros de culinária. Quem sabe, encontro alguma dica. Enquanto isso, vocês, crianças, pesquisem na internet alguma receita.

Cozinhar é planejar. Por isso, é importante saber o que será preparado antes de começar a mexer nas panelas... Depois de algum tempo, a Família Cuca escolheu receitas de diferentes partes do mundo. Veja só que bacana que ficou o cardápio...

2ª DICA — VERIFICAR OS INGREDIENTES

Escolher o que comer parece ser a única tarefa de quem quer começar a cozinhar. Mas não é bem assim. Ninguém faz nada sem os ingredientes! O primeiro a abrir a geladeira para descobrir se tinha pepino em casa foi o Filho Cuca. E não tinha! Como, então, preparar o pepino japonês que ele tanto gosta?! Ele já queria sair correndo para comprar...

— Calma! Antes, temos que saber os ingredientes de cada receita, filho — foi logo explicando Papai Cuca. — Depois, a gente precisa conferir o que tem em casa e o que é preciso comprar. Não dá para sair correndo sem antes fazer uma lista... senão, podemos esquecer algo ou comprar o que já tem em casa!

Filha Cuca não perdeu tempo e consultou mais uma vez um blog na internet com todas as receitas. Com a ajuda do Bebê Cuca, selecionou a lista de ingredientes do cardápio do jantar de sexta-feira e começou a lê-la em voz alta. Enquanto isso, Papai Cuca verificava o que tinha na geladeira e mamãe checava o armário. O Filho Cuca anotava em uma folha de papel o que precisava ser comprado. A cozinha ficou tão agitada!

CRUMBLE DE FRUTAS

INGREDIENTES
1 kg de maçã, pera, banana ou pêssego (escolha uma fruta ou várias)
1 limão
1/2 xícara de uvas passas claras ou escuras
4 colheres de sopa de açúcar mascavo
2 colheres de sopa de manteiga derretida
1 colher de sopa de maisena
1 colher de chá de gengibre em pó
1 pitada de noz-moscada ralada

PARA A FAROFA
1 xícara de farinha de trigo
2/3 de xícara de açúcar
1/2 colher de chá de canela em pó
100 gramas de manteiga gelada em cubinhos (meia embalagem)
2 xícaras de nozes picadas

nozes picadas
shoyu
um pacote de bifum
gergelim

YAKISOBA

INGREDIENTES
150 gramas de filé mignon
1 cenoura em rodelas, 1 cebola,
2 flores de couve-flor, 4 ervilhas-tortas,
5 folhas de acelga, 8 flores de brócolis,
1/2 pimentão vermelho
1 colher de sopa de amido de milho
1 pacote de bifun (macarrão japonês)
5 colheres de sopa de shoyu
1/2 litro de água
1 tablete de carne (fundo de carne)
1 pacote de Hondashi
Óleo de girassol
Gergelim em grão a gosto

PEPINO JAPONÊS

INGREDIENTES
4 pepinos
3/4 xícara de chá de açúcar
1/4 xícara de chá de azeite
1/2 xícara de chá
de vinagre branco
1 colher de sopa de sal
2 colheres de sopa
de gergelim em grão

É PRECISO SABER EXATAMENTE A QUANTIDADE DE CADA INGREDIENTE NAS RECEITAS. ÀS VEZES USA-SE TUDO. OUTRAS VEZES, SÓ UMA PARTE. PESQUISE SOBRE AS MEDIDAS 1/2, 1/4 E 1/3. VOCÊ VAI GOSTAR DE DESCOBRIR QUE A CULINÁRIA TEM MUITO A VER COM A MATEMÁTICA!

3ª DICA

VERIFICAR OS UTENSÍLIOS

Papai Cuca já estava com a chave do carro na mão, a caminho do supermercado, para comprar os ingredientes que faltavam. Assim que abriu a porta de casa, Mamãe Cuca gritou lá da cozinha:
— Não temos forma. Precisamos de uma para a sobremesa!
— Como assim não tem forma? — perguntou papai.
A Filha Cuca veio correndo até a sala para explicar que a receita do crumble de frutas pedia uma forma. E a mãe havia acabado de descobrir que as formas estavam todas muito ruins, nem dava para usar mais. Papai Cuca ficou preocupado... Quais outros utensílios podem estar faltando?! Tudo certo com as panelas, colheres e facas?!
Papai Cuca propõe, então, que a família se reúna novamente na cozinha e revise tudo.
Somente depois de verificar se tinham todos os utensílios necessários é que sairiam às compras. Juntos, eles reviraram as gavetas e os armários. Se a cozinha já estava agitada, agora tinha ficado uma bagunça só!

Enquanto Mamãe Cuca terminava de arrumar a cozinha com a ajuda do Filho Cuca, Papai Cuca foi com a Filha Cuca e o Bebê Cuca até o supermercado comprar tudo o que faltava.

Na hora de separar os produtos industrializados, prestaram atenção à data de validade.

AMIDO DE MILHO
VALIDADE: 23/01

Ao escolher os legumes e as verduras, eles selecionaram aqueles mais fresquinhos.

4ª DICA

HIGIENE E SEGURANÇA

— Agora sim, está tudo em ordem! — desabafa Papai Cuca, admirando o belo serviço que mãe e filho fizeram na cozinha. Vamos começar?! Mamãe Cuca acena a cabeça de forma negativa...
— Ainda não, temos todos que lavar as mãos e prender os cabelos.
É verdade, na cozinha, não basta cuidar da higiene dos alimentos. Também quem manuseia os ingredientes e utensílios precisa estar com as mãos bem lavadas e os cabelos presos — e essa regra vale até para quem tem o cabelo bem curtinho. Assim, evita-se que a comida seja contaminada por bactérias que podem fazer mal à nossa saúde. Ninguém quer ficar com dor de barriga...

5ª DICA
↳ CONHECER O MODO DE FAZER

Cozinha limpa e equipada, ingredientes frescos e selecionados, cozinheiros adequadamente vestidos a postos. O que falta, então? Ora, ninguém cozinha se não souber o modo de fazer de cada prato. Por isso, Papai Cuca pegou o tablet e começou a ler em voz alta o modo de fazer dos pratos escolhidos para o jantar de sexta. Enquanto lia, os filhos verificavam mais uma vez se ingredientes e utensílios estavam em ordem.

MODO DE FAZER
1. Preaqueça o forno a 200°C.
2. Descasque as frutas e corte em fatias finas (coloque o limão para não deixar escurecer).
3. Acrescente os demais ingredientes do crumble e coloque em uma forma quadrada de aproximadamente 25 cm.
4. Faça a farofa esmagando a manteiga com a farinha e os demais ingredientes até que fique soltinha e coloque por cima do crumble.
5. Asse por 30 minutos ou até formar uma crosta bem dourada.
6. Sirva morno com sorvete de creme.

YAKISOBA

MODO DE FAZER

1. Pique a cebola, o pimentão e a acelga em tiras. Corte a cenoura em rodelas finas. Parta a ervilha-torta, a couve-flor e o brócolis em pequenos pedaços.
2. Cozinhe o macarrão em água fervente por 15 segundos, escorra e jogue em uma tigela com água fria.
3. Aqueça o óleo em uma frigideira e acrescente a carne para fritar.
4. Acrescente à carne frita, na seguinte ordem: cebola, cenoura, ervilha-torta, pimentão, brócolis, couve-flor e acelga. Mas cuidado: só introduza um novo legume quando aquele que estiver na panela já se mostrar um pouco cozido. Para isso, preste atenção à mudança de cor dos ingredientes.
5. Coloque o shoyu misturado com o hondashi.
6. Em 100 ml do caldo de carne, dissolva o amido de milho.
7. Coloque o molho e adicione o amido de milho para engrossar.
8. Frite o macarrão (se quiser) no óleo e acrescente aos legumes.

PEPINO JAPONÊS

MODO DE FAZER

1. Corte os pepinos em fatias bem fininhas e coloque-as de molho em uma tigela com água e sal por 1 hora e meia.
2. Em uma panela, misture o açúcar, o vinagre e o azeite. Deixe ferver e retire do fogo para esfriar.
3. Escorra os pepinos e acrescente o molho.
4. Leve tudo à geladeira e, na hora de servir o sunomono, polvilhe o gergelim.

6ª DICA

TRABALHAR EM EQUIPE

Quem faz o quê? A Família Cuca não está entrando em acordo sobre as funções de cada um. A Filha Cuca não gosta de pepinos e por isso não quer nem chegar perto deles. O Filho Cuca nunca provou yakisoba e não está com vontade de experimentar. Pior ainda: Papai Cuca detesta banana... Mamãe Cuca ficou desanimada, o que fazer?!

7ª DICA → O CHEFE

Começa agora a divisão das tarefas. Papai Cuca separou os ingredientes e Mamãe Cuca organizou os utensílios.
— Hei filho, cuidado com essa faca afiada — alertou o pai. Filho Cuca não via a hora de picar os legumes. Afinal, ele nunca tinha usado uma faca como aquela! Foi quando a Filha Cuca lembrou...
— Precisamos de um chefe. Toda cozinha tem um chef de cozinha, eu já vi isso em filmes!
É verdade, toda cozinha tem um líder que organiza a ordem dos preparativos dos pratos. É o chef de cuisine, uma profissão que exige muita prática. Imagine uma orquestra, na qual o maestro indica o momento em que cada instrumento deve entrar na música.

O chef é o maestro da cozinha: é ele quem diz o que cada cozinheiro vai fazer para que a comida fique pronta — e gostosa! Já imaginou se cada um resolvesse fazer o que bem entendesse? Provavelmente, o jantar ia ficar meio "desafinado"...

Decidido: quem comandará a cozinha para o jantar de sexta-feira será a chef Filha Cuca. Ela tratou de estudar as receitas e planejou a ordem do preparo de cada prato. Filha Cuca sabe que a sobremesa precisa gelar, então optou começar por ela. Papai Cuca e Filho Cuca ficaram encarregados de fazer o creme, picar a banana, molhar o biscoito, montar o prato e, por último, ralar o chocolate, reservando-o para a hora de servir.

Ufa! De passo em passo, o doce foi tomando forma e colocado no freezer. Enquanto isso, Mamãe Cuca ralou o pepino bem fininho e deixou de molho na água. Bebê Cuca ajudou, pegando cada tirinha do pepino para colocar no potinho com água e sal. Filha Cuca fez o molho para o pepino, que também precisava ficar um tempo na geladeira. Pronto. Com isso encaminhado, já era hora de começar a preparar o prato principal... E esse ia precisar da ajuda de todo mundo!

— Um dos segredos para o yakisoba ficar gostoso é cortar os legumes e os vegetais do mesmo tamanho. Uma cenoura grande não cozinha no mesmo tempo que uma pequena. Uma das duas vai estar crua ou cozida demais — explicou Mamãe Cuca.
— Na realidade, isso acontece não só com os vegetais, mas com tudo o que vamos cozinhar. Se, por exemplo, você colocar um bolo grande para assar junto com um bolinho pequeno, um dos dois não vai ficar bom — acrescentou Papai Cuca.
— Percebi que temos uma regra na cozinha: alimentos de tamanhos diferentes cozinham em tempos diferentes — afirmou Filho Cuca.
Filha Cuca propõe, então, um modelo de tamanho para cada um dos legumes. Assim, o Filho Cuca tem uma ideia de como deve cortar cada um deles para que fiquem mais ou menos iguais.
Tudo pronto! Carne e vegetais picados, água fervendo, caldo feito e hondashi dissolvido. E já era hora de dar uma olhada na geladeira para ver se o molho do pepino tinha esfriado.
Sim! Então, já podia escorrer o pepino e juntar ao molho.

Agora sim, a Filha Cuca entra em ação e liga o fogo. Aquece a panela e vai colocando, pouco a pouco, os vegetais. Como alguns são mais duros do que outros, eles demoram mais tempo para cozinhar. Então, a chef precisa seguir a ordem certa. Um cheiro bom começa a tomar conta da cozinha.
Mamãe Cuca e Papai Cuca deixam os filhos mais velhos cuidando do fogão e resolvem, juntos, arrumar uma mesa bem bonita. Hummm! Deu tudo certo. Agora só falta sentar e... comer!

E TEM MAIS RECEITINHAS POR AQUI...

QUE TAL MAIS UMA DICA E ORGANIZAR UM NOVO ALMOÇO EM FAMÍLIA?! GARANTO QUE VAI SER UMA REFEIÇÃO DAS ARÁBIAS...

PÃO PITA

INGREDIENTES
1 1/2 xícara de chá de farinha de trigo
1 xícara de chá de água morna
1 colher de chá de sal
1 colher de chá de açúcar
1 1/2 colher de chá de fermento seco instantâneo
1 colher de sopa de azeite

MODO DE FAZER
1. Peneire a farinha de trigo em uma tigela e acrescente o sal, o açúcar e o fermento.
2. Acrescente a água morna aos poucos e sove bem a massa com as mãos.
3. Deixe descansar por aproximadamente 45 minutos em um recipiente com um fio de azeite.
4. Abra a massa em discos utilizando um rolo de massa.
5. Coloque para assar por aproximadamente 8 minutos (atenção: o forno deve ser preaquecido durante 20 minutos a 180°C).

TABULE

INGREDIENTES

1 xícara de chá de trigo
4 tomates
1 pepino
1 cebola pequena
1 maço de hortelã
2 talos de cebolinha verde
1 ½ xícara de chá de salsinha
3 colheres de sopa de suco de limão
4 colheres de sopa de azeite de oliva
pimenta síria (opcional)

MODO DE FAZER

1. Lave bem o trigo em uma peneira e coloque-o de molho em água fria durante 15 minutos.
2. Corte os tomates ao meio e elimine as sementes. Depois, corte-os em cubinhos.
3. Descasque o pepino e também corte em cubinhos.
4. Pique a salsinha, a hortelã, a cebola e a cebolinha. Coloque tudo em uma travessa e acrescente os cubinhos de tomate e pepino. Misture formando uma salada.
5. Escorra e esprema muito bem o trigo para eliminar o máximo de água possível. Acrescente-o à travessa com a mistura, mexendo bem.
6. Em um pequeno recipiente, misture azeite, sal e suco de limão. Se quiser, acrescente um pouco de pimenta síria. Acrescente este molho ao trigo e mexa bem.
7. Sirva com folhas de alface e pão sírio.

KAFTA NO ESPETO

INGREDIENTES
500 gramas de carne moída
1 cebola
1 dente de alho
1 maço de salsinha
3 talos de cebolinha verde
3 colheres de sopa de azeite
Espetos para churrasco
Sal e pimenta síria a gosto

MODO DE FAZER
1. Rale a cebola.
2. Pique a salsinha e a cebolinha.
3. Amasse bem o alho.
4. Junte todos os ingredientes em um recipiente e acrescente a carne moída. Misture bem até formar uma massa de carne.
5. Faça enroladinhos com a massa de carne, no formato de salsichas. Enfie o palito de churrasco no meio de cada um deles.
6. Asse os enroladinhos em uma grelha ou no forno durante 15 minutos — use um fio de azeite para não grudar. Vire de vez em quando para assar por igual.

CUSCUZ MARROQUINO

INGREDIENTES
1 cenoura
1 abobrinha
200 gramas de cuscuz
1 colher de sopa de salsinha picada
1 colher de café de sal
1 colher de sopa de azeite de oliva
1 copo de água fervente ou caldo de legumes
3 colheres de sopa de amêndoas laminadas e torradas (opcional)

MODO DE FAZER
1. Em uma tigela, coloque o cuscuz e acrescente a água fervente para hidratá-lo. Deixe hidratar por 10 minutos. Esfarele a mistura com um garfo.
2. Corte a cenoura e a abobrinha em cubinhos.
3. Em uma panela, aqueça o azeite e refogue a cenoura. Acrescente a abobrinha e mexa bem. Coloque o sal e o cuscuz e misture bem.
4. Retire a mistura do fogo. Salpique a salsinha e as amêndoas (se quiser). O cuscuz pode ser servido quente ou frio.

GELADO CREMOSO

INGREDIENTES
1 litro de creme de leite fresco gelado
1 lata de leite condensado
1 colher de chá de Nescafé
1 colher de chá de essência de baunilha

MODO DE FAZER
1. Bata na batedeira todo o creme de leite fresco até ficar firme.
2. Acrescente os demais ingredientes (leite condensado, Nescafé e essência de baunilha) ao creme de leite e volte a bater levemente, até que esteja tudo misturado.
4. Pegue uma forma de bolo inglês (retangular e alta), cubra com papel filme e despeje a mistura.
5. Leve para gelar no freezer, no mínimo, por 6 horas, até endurecer. Sirva com calda de frutas ou de chocolate.

SOBRE A OBRA

A ideia de escrever um livro sobre uma família que se diverte, unida, na cozinha surgiu para narrar algo que eu realmente acredito: cozinhar é algo que aproxima as pessoas, favorece o sentimento de pertencer a um grupo e desenvolve o espírito de trabalhar em conjunto.

Todo mundo precisa se alimentar e descobrir que a transformação dos alimentos pode resultar em algo saboroso e nutritivo ao mesmo tempo é uma delícia! O que eu mais quero com os meus projetos de culinária — seja neste livro, nas minhas aulas e até mesmo no meu site — é desmistificar a cozinha, mostrando que qualquer pessoa pode cozinhar e que para isso acontecer basta um pouco de orientação e organização.

A graça de cozinhar junto, com pessoas de quem gostamos — sejam elas da nossa família ou do nosso círculo de amizade — é que, ao mesmo tempo, cada um precisa assumir uma tarefa e trabalhar somando esforços, em prol de um mesmo objetivo. Na cozinha, trabalha-se de forma colaborativa e, por que não?, lúdica e educativa. Para cozinhar é preciso ter ordem, seguir instruções, respeitar o tempo e planejar para chegar a algo saboroso, bonito e que aquece a alma.

Paula Weber

SOBRE A AUTORA

Paula Weber é uma advogada que descobriu nas panelas a alegria de compartilhar as descobertas dos sabores e das cores que ela inventava na cozinha, principalmente quando cozinhava para seus filhos e para os amigos. Para mudar tudo e começar a trabalhar com culinária foi um pulinho!
É apresentadora do programa Pitadas e palpites, na Chef TV, montou uma cozinha experimental no Colégio Nossa Senhora das Graças, em São Paulo, e dá aulas de culinária para crianças e jovens por mais de 4 anos.
É idealizadora do site Pitadas e Palpites, para dividir as receitas que conhece e que podem facilitar o dia a dia das pessoas, aproximando parentes e amigos no coração da casa da gente: a cozinha.
Confira: www.pitadasepalpites.com.br

SOBRE A ILUSTRADORA

Sou "arteira", trabalho com design, ilustração e tenho uma loja de quadros! Amo criar! Inclusive na cozinha!
Aqui em casa nós não comemos nenhum tipo de carne, ou seja, somos vegetarianos. Isso não significa que temos poucas opções em nosso cardápio. Pelo contrário! Somos peritos em inventar alternativas nutritivas e super divertidas para a carne.
Fazemos, por exemplo, churrasco de legumes, salsicha de soja e coxinha de jaca!
Você sabia que jaca desfiadinha e bem temperada parece frango?
Legal, né? :o)

Aline Casassa

Copyright @ 2020
Paula Weber

Direção editorial
Aloma Carvalho

Coordenação
Suria Scapin

Ilustração e diagramação
Aline Casassa

Pós-Diagramação
Daniela Fujiwara

NOSSA MISSÃO
Publicar livros de qualidade que permaneçam na mente dos nossos leitores como fonte preciosa de conhecimento e de entretenimento.

Espalhando livros, formando leitores!

www.bonbinibooks.com

Dados Internacionais de Catalogação na Publicação (CIP)

Weber, P.
Famílica Cuca na Cozinha / Paula Weber. Ilustração: Aline Casassa.
1ª edição. São Paulo: Bon Bini Books, 2020.

40p. : il., 28 x 21 cm
ISBN 978-85-93655-19-7   CDD 028.5

1. Literatura infantojuvenil brasileira. 2. Ficção infantojuvenil brasileira. 3. Educação Infantil. 4. Ensino Fundamental. I. Weber, Paula. II. Casassa, Aline. III. Título.

Índices para catálogo sistemático:
1. Literatura infantojuvenil: ficção - 028.5
2. Literatura infantojuvenil: receita - 028.5
3. Literatura infantojuvenil: culinária - 028.5

2020 - Todos os direitos reservados.
Proibida a reprodução deste livro em seu todo ou em partes em meio impresso ou digital sob penas da lei.

Bon Bini Books é o selo internacional da Editora Bamboozinho.
São Paulo/SP - Brasil • Miami/FL - EUA

Conheça os nossos livros: www.bonbinibooks.com
Acompanhe nossas novidades: @bonbinibooks

Este livro foi comercializado pela Livraria Internacional Buobooks. Caso apresente algum defeito, entre em contato com: atendimento@buobooks.com.

www.ingramcontent.com/pod-product-compliance
Ingram Content Group UK Ltd.
Pitfield, Milton Keynes, MK11 3LW, UK
UKHW060217240426
12048UKWH00030BB/1702